Stan Toler

Motivación al minuto para Adolescentes

*Inspiración rápida para
el momento que vives*

Segunda edición

PANORAMA EDITORIAL
POR LA SUPERACIÓN DEL SER HUMANO Y SUS INSTITUCIONES

MOTIVACION AL MINUTO PARA ADOLESCENTES

Título original en inglés:
MINUTE MOTIVATORS FOR TEENS

Derechos Reservados
Copyright © 2002, 2007, 2011, 2012 by Stan Toler

Cook Communications Ministries,
4050 Lee Vance View, Colorado Springs,
Colorado 80918 U.S.A.

Portada:
Fotografía: Archivo Digital/Digital Stock

Traducido al español por:
José Martín Rivera López

Segunda edición en español: 2012
© Panorama Editorial, S.A. de C.V.
   Manuel Ma. Contreras 45-B
   Col. San Rafael 06470 - México, D.F.

Tels.: 55-35-93-48 • 55-92-20-19
Fax: 55-35-92-02 • 55-35-12-17
e-mail: panorama@iserve.net.mx
http://www.panoramaed.com.mx

Printed in Mexico
Impreso en México por:
Impresora Múltiple, S.A. de C.V.
Saratoga No. 909 Col. Portales
03300 - México, D.F., 28 de Junio, 2012
ISBN 978-607-452-359-1

Índice

Índice

Introducción

Como si destacar en la escuela no fuera bastante difícil, ¡se espera que te distingas en la vida también!

En un mundo con más subidas y bajadas que una montaña rusa, necesitas algo que te ayude a enfocarte. Aquí lo tienes. Del salón de clase al gimnasio, a tu trabajo, *Motivación al Minuto para Adolescentes* te ofrece algunos principios para que te enfrentes a la vida como un defensivo de la NFL.

Te guste o no, los días de nuestras vidas no son como un video juego. No siempre sabemos el resultado y en ocasiones hay desperfectos, pero aquí tienes algunos principios extremos para vivir por encima del aburrimiento.

Stan Toler

¡Si vas a anotar, tienes que apuntar alto!

"La calidad de la vida de un hombre está en proporción directa con su compromiso por la excelencia."

—Tom Landry

Metas

Era el último juego del torneo. El tiempo se agotaba y el marcador estaba empatado. Uno de los jugadores llevaba la pelota avanzando por el extremo izquierdo de la cancha, gritando la última jugada: un despunte con giro diseñado para poner el balón en manos del mejor jugador del equipo. Pero al poner el pase para su compañero, nadie hizo el cambio, dejando un enorme pasillo abierto hacia la canasta.

Al caer el último segundo, el jugador encogió la cabeza, recorrió el pasillo y disparó justo a tiempo. La pelota se elevó suavemente y después rozó la orilla trasera del aro. Mientras los jugadores observaban recordaban las palabras del entrenador: "Para anotar debes apuntar por encima del tablero." El jugador hizo todos los movimientos correctos, pero falló porque no apuntó lo suficientemente alto.

El consejo de aquel entrenador funciona en todas las áreas de la vida. Si quieres alcanzar tus metas, tienes que apuntar alto. Establece metas que sean alcanzables, pero ponlas lo suficientemente alto como para que te tengas que estirar para alcanzarlas.

Si puedes soñarlo, probablemente puedes hacerlo.

Debes saber a dónde vas

"Si no sabes a dónde vas, es probable que termines llegando a otro lugar."

—Yogui Berra

Misión

Un verano dos hermanas decidieron dar un paseo en bicicleta. Pusieron unos sándwiches, agua embotellada y algunas galletas en sus mochilas y tomaron una vereda campestre cercana a su casa. Pedalearon rápido, se divirtieron y pararon en un arroyo para lanzar piedras al agua. Mientras se alejaban pedaleando una de las chicas preguntó, "¿Por cierto, a dónde vamos?"

Su hermana respondió, "No se. ¡Pensé que tú sabías!"

"Bueno, si no sabemos dónde vamos, ¿cómo sabremos cuando hayamos llegado?" respondió la ciclista.

La vida es así en muchas formas. Nunca llegarás a donde quieres a menos que decidas dónde es que quieres llegar. ¿Cuál es tu misión? ¿La Universidad? ¿Una carrera? ¿Una familia? Antes que inicies la jornada, piensa en tu destino. Luego piensa en la dirección correcta y en la ruta que vas a tomar. Y ¡asegúrate de empacar lo necesario!

Si quieres llegar a algún lado, debes saber a dónde vas.

Tienes que escarbar para descubrir

"Aún si no vas por la ruta correcta, te atropellarán si te quedas ahí sentado"

—Brent Hardesty

Descubrimiento

La arqueología es un trabajo sucio, pero alguien tiene que hacerlo. Por cierto, ¿has sabido alguna vez de un arqueólogo que hallara algo sin escarbar para encontrarlo? Los grandes descubrimientos arqueológicos no cayeron del cielo. Alguien los desenterró. Descubrió dónde estaban ocultos los tesoros y luego se dedicó a descubrirlos. Sólo piensa, sin escarbar, la tumba del Rey Tut sería sólo un basamento aislado. El arqueólogo que la encontró hizo este sobresaliente descubrimiento sólo después de una diligente búsqueda.

Tú puedes llevar a cabo una búsqueda diligente en tu vida. Hay cosas sobre ti que nunca descubrirás hasta que comiences a cavar. Puede ser que tengas talentos y habilidades ocultas, por ejemplo. Puedes tener el talento para ser un gran músico, la capacidad de ser el autor de un bestseller, o el interés y las habilidades para ser un reconocido programador de computadoras. Quizá tengas esos talentos y no lo sabes. Comienza a buscar intentando hacer algo nuevo, practicando las cosas que puedes hacer y abriéndote al uso de tus habilidades.

Los talentos que descubrirás serán los tuyos.

Dale a Dios
lo mejor que tienes

"Haz lo mejor que puedas con lo que tienes, dondequiera
que estés"

—Adam Toler

Esfuerzo

Piensa en los maestros que de verdad te caen bien o en aquel entrenador a quien en verdad respetas. Harías casi cualquier cosa por complacerlos. Trabajas duro para ellos, cumples con sus tareas y las entregas a tiempo. A menudo te quedas después del entrenamiento a practicar tiros libres. Das a estos individuos lo mejor por tu devoción a ellos. Estos maestros obtienen lo mejor que tienes porque tú crees en las cosas que ellos creen que son importantes.

La fe personal es tu devoción a Dios. Él también quiere tu mejor esfuerzo. Imagínatelo. El Creador del universo quiere relacionarse contigo — una relación de fe, esperanza, paz y perdón. Tu relación con Él incluye darle lo mejor de ti. Lo grandioso del asunto es que Él quiere darte lo mejor de sí.

Tener devoción a Él incluye creer no sólo en Él, también implica creer en las cosas que le son importantes: su mundo, la gente a la que Él ama, la confianza y el carácter.

Antes de que pudieras siquiera contar, ya contabas con Él.

Da a manos llenas

*"Nos ganamos la vida por lo que obtenemos,
damos vida por lo que damos"*

—Winston Churchill

Generosidad

¿**R**ecuerdas el par de pantalones que están en tu clóset y que no has usado en dos años? ¿O la playera que aún está buena pero que no pasa por la rotación regular de la ropa que usas? Aquí tienes una idea: lleva una bolsa a tu clóset y llénala con toda la ropa que no te pones, mejor aún, mete hasta una camisa que de verdad te guste y llévala al Ejército de Salvación de tu comunidad. Compartir es una experiencia confortable.

Las recompensas están en todas partes en nuestros días. Vuelas en una aerolínea y ganas muchas millas a cambio. Compras cuatro CDs y recibes uno gratis. También dar ofrece recompensas. Lo que das es lo que recibes. La primera recompensa es para la gente que recibe tu obsequio. Los recompensa tu interés en ellos y tu compasión por sus necesidades. La segunda recompensa es para ti. Cuando llevas a cabo un acto cualquiera de desprendimiento, simplemente hace que te sientas bien internamente.

Sé generoso con los demás. Vale la pena hacer esta inversión.

Ten un buen propósito

"Haz lo que puedas para demostrar a otros que te importan y harás de nuestro mundo un mejor lugar."

—Rosalynn Carter

Amabilidad

¿**A**lguna vez has querido hacer algo agradable por alguien? ¿Por qué no hacerlo? Haz el esfuerzo de ser amable con la gente en maneras pequeñas y grandes. Quizá pudieras dar una vuelta por tu vecindario y levantar la basura. Tal vez pudieras dejar que tus hermanos más pequeños te acompañaran cuando sales con tus amigos. Sé gentil con los demás. Sonríe y demuestra a la gente que te interesan aunque no los conozcas.

Luego detente y observa. ¡Es una multitud! La amabilidad inesperada hace que la gente baje la guardia. Si te pagan por ser gentil, es sólo la mitad de la diversión. La diversión completa es cuando eres gentil por naturaleza. Ya sea que trabajes tras el mostrador de un restaurante de comida rápida, empacando cosas en el súper mercado, atendiendo clientes en una tienda o si recibes cualquiera de estos servicios. Regala un acto de amabilidad. Da una palabra de aliento. Haz un cumplido. Pregunta a las personas cómo se sienten.

Da la milla extra y caminarás un largo camino.

Escucha y aprende

"Hablar es barato porque la oferta supera la demanda"

—Anónimo

Escuchar

¿**H**as intentado alguna vez hablar con un amigo que no se queda callado? Cada vez que intentas expresar tu punto de vista sigue hablando, y divagando, y sigue y sigue y sigue. Si te has sentido así con un amigo, mira en tu propia vida. ¿Divagas? ¿Eres bueno para escuchar?

En un mundo de teléfonos celulares, Palm Pilots y correo electrónico, simplemente hay demasiada información de salida. En ocasiones necesitas un poco de información de entrada. A veces sólo necesitas quedarte en silencio y escuchar. Escucha a tus amigos. Escucha a un miembro de tu familia. Escúchate. Escucha a Dios. Recuerda desconectarte y simplemente escucha.

Escuchar es el primer paso para aprender. Aprendes escuchando a los otros. Sus expectativas pueden en verdad ayudarte. ¿Por qué no aprender de sus triunfos y tragedias? ¿Por qué cometer sus errores? Escucha el consejo que te ayudará a que evites algo doloroso. Todo lo que necesitas es una mente abierta y una boca cerrada.

Silencio — aprendizaje en proceso.

Quédate en "crecer"

"Todo lo que cuenta es lo que aprendes después de que sabes"

—Entrenador John Wooden

Crecer

Después de llegar a cierta edad, ¿dejas de comer? Entonces, al cumplir cincuenta, ¿todavía tienes que comer? Por supuesto que sí. Debes comer todos los días para estar realmente sano. Tu cuerpo necesita una ingesta constante de nutrientes, minerales y azúcares para crecer. Las dietas raras y los esquemas rápidos para perder peso son peligrosos porque pueden causar un cortocircuito en tu crecimiento y arruinar tu salud en el proceso.

Tu mente también necesita un constante ingreso de conocimiento. Nunca se es demasiado joven o demasiado viejo para aprender. Pero el aprendizaje no se contagia como si fuera un resfriado. Se adquiere a propósitos. Aprendes al meter cosas en tu mente. Las cosas positivas tienen un efecto positivo. Adivina qué. Las cosas negativas tienen un efecto negativo. Las "elecciones de ingreso" hacen la diferencia en tu actitud cotidiana.

¿Y qué hay del crecimiento espiritual? No sólo es necesario que "alimentes tu *cuerpo*"; también necesitas "alimentar tu *fe*." Tomarte un tiempo para leer la Biblia y orar es como tomarte un tiempo para almorzar. Ambas actividades tienen un efecto positivo y poderoso.

¡A "crecer"!

Aprende a disfrutar las rutinas diarias

"Soy sólo uno, pero soy uno. No puedo hacerlo todo, pero puedo hacer algo. Y porque no puedo hacerlo todo, no me negaré a hacer lo que sí puedo hacer."

—Eward Everett Hale

Rutina

Apilar ladrillos no es exactamente el trabajo más emocionante del mundo. Es un trabajo pesado y requiere tiempo y habilidad. A veces es aburrido — un ladrillo tras otro, medir, poner el cemento, colocar el ladrillo, retirar el exceso. Es un proceso continuo. Pero ver la belleza de la casa o la majestuosidad de la catedral como un producto terminado hace que todo valga la pena.

La vida diaria se parece mucho a apilar ladrillos — una tarea tras otra, rutina. Escuchar el despertador. Tratar de despertar. Ducharse. Lavarse los dientes. Peinarse. Escoger la ropa. Ir a la misma escuela, al mismo trabajo. Hacer lo mismo todos los días. Volver a casa. Descansar lo suficiente para hacer la misma cosa mañana. Las cosas rutinarias pueden ser las más difíciles.

Convertir la rutina en algo interesante comienza en tu mente con pensamientos como "¡Estoy vivo!" "¡Puedo dejar huella en el mundo!" "¡Puedo cambiar la vida de alguien con una palabra o acción!"

¿Estás apilando tus ladrillos? Encuentra significado en ellos. Estás construyendo una catedral que perdurará para siempre.

Haz de la verdad una prioridad

"Nuestra sociedad encuentra en la Verdad una medicina difícil de digerir sin diluir. En su forma más pura, la Verdad no es un amigable toquecito en el hombro; es un clamoroso reproche. Lo que Moisés trajo del Monte Sinai no eran 10 sugerencias… eran Mandamientos."

—Ted Koppel

Honestidad

Se dice que George Washington dijo "No puedo mentir," cuando tuvo que confesar a su padre que había talado el cerezo. "No puedo mentir" no significa que fuera incapaz de mentir. Simplemente significa que tomó una decisión de carácter. "No puedo" quiere decir "no lo haré." Esa historia parece pasada de moda y divertida en nuestros días. ¿Te puedes imaginar a un niño usando una peluca blanca y derribando un árbol? La verdad, el mensaje de esta historia, es tan actual ahora como entonces.

Este líder nos enseñó una lección muy importante: Siempre debemos conducirnos con verdad, incluso cuando parezca inadecuado o nos cueste algo. La honestidad es la mejor política. De momento, mentir te puede sacar de aprietos, pero la verdad *te alcanzará* posteriormente. Es como eliminar un correo electrónico dañino. Se va de la pantalla, pero se queda en el disco duro.

¡Cuidado con decaer en la verdad!

¡Espera una sorpresa!

"Porque sólo yo sé los planes que tengo para ustedes, dice el Señor, planes de prosperidad y no de desgracia, pues les daré un porvenir lleno de esperanza."

—Jeremías 29:11

Anticipación

Cuando Billy pasó frente a la habitación de su hermano mayor, escucho unos ruidos extraños. ¡Parecía que su hermano estaba haciendo ejercicio o construyendo la Torre Eiffel! En lugar de tocar, Billy abrió la puerta y entró en el cuarto. Su hermano trató de saltarle encima y cubrirle los ojos, pero ya era tarde. Regadas por el piso, Billy vió las piezas de una bicicleta nueva. Su hermano la estaba armando para que sus padres se la dieran a Billy en su fiesta de cumpleaños el día siguiente. Billy arruinó la sorpresa.

Ten cuidado de no arruinar tus sorpresas. "Nunca me pasa nada bueno." "Nunca me tomo un descanso." "No hay manera de que pase ese examen."

Espera una sorpresa. Puede que alguien esté "armándote una bici." Espera lo mejor, inclusive en las peores situaciones. Los pensamientos positivos acarrean resultados positivos con mucha frecuencia.

Guarda una sorpresa en tu corazón. Nunca sabes cuando la pudieras necesitar.

Di "Lo siento" cuando te equivoques

"Cuando te equivoques, admítelo, y cuando aciertes, calla."

—Anónimo

Franqueza

¿**A**lguna vez has oído la frase "Es mejor callar algunas cosas"?

Tal cosa no funciona siempre. Por ejemplo, cuando eras pequeño, ¿hiciste algo que sabías que no era correcto? Quizá lamentabas haberlo hecho pero no sabías cómo decírselo a tus padres, así que tratabas de evitarlos. Quizá hasta corriste a tu habitación y te escondiste en el clóset.

Después de veinte minutos, te diste cuenta que sin importar cuánto te ocultaras, de todas formas ibas a tener que encarar a tus padres. Entonces caminaste hasta la sala y murmuraste, "Lo siento." Si lo hubieras dicho de inmediato, ¡te habrías ahorrado veinte minutos de preocupaciones en el clóset!

Siempre es mejor decir "Lo siento," en lugar de sólo pensarlo. Decir a los demás que lamentas tus palabras o tus hechos les da el potencial para sanar y también te acerca a ellos. Decir tus sentimientos a tu familia y amigos es riesgoso, pero vale la pena.

¡Es mejor *decir* que lamentar!

Selecciona a tus amigos

"Nunca te remontarás con las águilas si te la pasas correteando con un montón de pavos."

—Carl Summer

Selección

Quienes cultivan manzanas saben lo delicioso que puede ser un barril de manzanas. También sabe cuánto daño puede hacer un pequeño gusano al barril de manzanas. Saben que el gusanito no toma una mordida de cada manzana, sólo tiene que encontrar una. Si una manzana se ve como si alguien la hubiera estado mordisqueando, el grangero la desecha. Al hacer esto, se deshace de la manzana mala y del "mordedor" (el gusano) al mismo tiempo.

¿Conoces algunos gusanos?

Tal como un gusano, una persona con malos hábitos o uno que significa una mala influencia puede arruinar a un grupo entero de amigos. Y tal como el gusano, trabaja en una persona cada vez hasta que esa persona se convierte en una "mala manzana" también.

Selecciona a tus amigos. ¿Las personas con las que te reúnes reflejan lo mejor de ti? ¿Representan ellos tus valores? ¿Te tienes que agachar para verte como ellos, o se tienen que levantar para verse como tú?

No te juntes con gusanos.

Practica la gratitud

"El más profundo principio de la naturaleza humana es el anhelo de ser apreciado"

—William James

Gratitud

En ocasiones recibes cosas que no mereces. Por ejemplo, cuando el semáforo cambia a verde en el momento preciso. Tal vez la calificación de tu examen es mucho mejor de lo que pensabas que sería y esto te sobresalta. En ocasiones, sin más nada, esa persona especial se da cuenta que existes. La mayoría de nosotros recibe cosas que no merece y con ellas viene la responsabilidad de ser agradecido.

¿Las cosas buenas sólo suceden u ocurren porque alguien tiene el poder de traerlas a tu vida? ¡Adivinaste! Alguien lo hace. Dios trae las cosas buenas a tu vida. Él es la fuente de toda mejoría. Él es el brillo del sol detrás de cada nube. Cuando estés listo para agradecer las cosas buenas, estarás listo para agradecer a Dios.

¿Cómo está tu máquina de gratitud? ¿Está en buenas condiciones de funcionamiento? ¿Está oxidada? Dale cuerda. Mantenla en buenas condiciones.

No sólo digas, "Gracias al Cielo". Dale gracias a Dios.

Pídele a Dios que te perdone

"No voy a sofocar los esfuerzos del Espíritu Santo
para que me vuelva un buen cristiano"

—Stan Stoler

Estorbos

¿**A**lguna vez has visto a alguien derribar un árbol al modo antiguo —con un hacha y una cuña? El leñador corta un tajo en la orilla del árbol y luego usa el hacha o un mazo para insertar una cuña en lo profundo del árbol. La presión de la cuña causa que el árbol se debilite y se separe haciendo más fácil que caiga.

La debilidad y la separación pueden ocurrir en tu relación con Dios también. Un pecado no confesado, una actitud de rebeldía contra su voluntad, o un espíritu rencoroso para quien te hizo algo malo son como una cuña entre Dios y tú. Su relación contigo se debilita. Se origina una ruptura en las líneas de comunicación hacia el Cielo. Las cuñas espirituales te hacen vulnerable a los ataques de tu enemigo espiritual.

Entre más tiempo pase la cuña en ese lugar, la separación debilitará más tu relación con Dios. Deshazte de ella rápidamente. Pídele a Dios que te perdone por las cosas que te separan de Él.

¡Deshazte de las cuñas!

Trabaja duro

*"He observado que la mayoría de las personas
avanzan durante el tiempo que otros pierden."*

—Henry Ford

Confiabilidad

El papá de Judy trabajaba en una fábrica local. Era un trabajo demandante, pero su padre no llegaba a casa a tumbarse en el sofá después de la jornada. Dado que r.o tenía pareja, se aseguraba de que la casa estuviera en orden: los platos limpios, las cosas levantadas, y así por el estilo. Después de ello, salía al jardín a podar el césped. Sabía que quienes compartían su techo contaban con él. Sabía que la casa no se cuidaría sola y, aunque estaba cansado, tenía una responsabilidad.

Ya sea que seas voluntario o un empleado asalariado, recuerda, alguien cuenta contigo. Tu trabajo hace la diferencia. Cuando trabajas de manera responsable, creas una buena impresión y ayudas a aligerar la carga de alguien.

Sé un trabajador confiable. Haz lo que tu supervisor te pida que hagas. Llega a tiempo. Termina tu trabajo. Sé ordenado y limpio. Sonríe. Corre la milla extra.

¡Si quieres ser un buen trabajador, da tu mejor esfuerzo!

Honra a tus padres

"Todo lo que soy o espero ser lo debo a mi madre."

—Abraham Lincoln

Respeto

Si estás familiarizado con los Diez Mandamientos, conoces la expresión "Honrarás a tu padre y a tu madre." Claro, es el mandamiento que generalmente viene al caso cuando hay una discusión entre padres y adolescentes. ¿Por qué no pensar en el mandamiento bajo una óptica diferente? ¿Sabías que es un mandamiento que rinde frutos? La Biblia dice que honres a tus padres para que "te vaya bien y que disfrutes una larga vida en la tierra."

Honrar a tus padres no significa hacerles caravana cuando pasen frente a ti. Honrar a tus padres es algo que sucede en tu interior. Quiere decir respetar sus valores. También significa vivir bajo sus reglas, no sólo por el deber, sino también por el amor hacia ellos.

Honrar a tus padres significa buscar su bienestar. Recuérdalo siempre, el amor es un compromiso de ida y vuelta. Tus padres te aman tanto como para procurar tu protección, a cambio reconoce y agradece su apoyo.

El respeto es voluntario, no forzado. Honra a tus padres a propósito.

Concéntrate en lo bueno de cada quien

"Cada niño que nace en el mundo es un nuevo pensamiento de Dios, una posibilidad siempre nueva y radiante."

—Kate Douglas Wiggins

Perspectiva

Un viejo proverbio dice, "Concentrarse en la oscuridad y la perdición hace que te canses hasta los huesos." Es difícil concentrarse en lo positivo cuando se sienten desos de permanecer en el bajo mundo de la perdición. Con frecuencia es igual de difícil ver lo positivo en los demás, pero si te enfocas en lo negativo, tu propio interior se consume. Hace que te canses hasta los huesos.

Busca lo bueno de la gente. Toda persona tiene al menos una característica buena. ¿Por qué no esforzarse en encontrarla? Está ahí. Dios creó al hombre y Él no hace trabajos mediocres. Cuando descubras esa buena cualidad en alguien, concéntrate en ella. Piensa en lo bueno y no en lo malo.

Mira las circunstancias de la vida en la misma manera. Desarrolla una perspectiva sana. Algunos miran al cielo y ven nubes, determínate a mirar los rayos del sol. Una perspectiva positiva busca los cielos azules. Te hace más fuerte. Da influencia y también valor a los pesimistas.

¡Califica a la vida en perspectiva!

Deja entrar al amor

*"En el amor no hay lugar para el temor. Al
contrario, el amor perfecto destierra el temor,
porque el temor supone castigo."*

—1o Juan 4:18

Cariño

Kyle era un solitario. Cuando él y sus padres se mudaron y asistió a una nueva escuela, se mantenía ensimismado. Nunca hablaba con nadie. Nunca dejaba que nadie se le acercara. Tenía miedo de amar. Nunca dejaba que sus sentimientos por alguien se asomaran porque temía que no fueran correspondidos de la misma manera. Padres, amigos, compañeros, colegas, no importaba. Mantenía a todos a distancia.

En ocasiones, Kyle veía gente de verdad necesitada y quería acercarse a ellos. Quería demostrar su amor y preocupación por ellos. Pero no quería arriesgarse a mostrar sus verdaderos sentimientos. No entendía que amar a otros es un riesgo que vale la pena asumir. El amor se expresa abiertamente sin más ni más, incluso si se malentiende o se rechaza.

Dale al amor una oportunidad. Sé abierto con los démas acerca de lo que sientes. Tu corazón y tu mente te dirán cuándo y cómo, pero deja que suceda. Demuestra a alguien que le quieres.

Si conservas tus sentimientos embotellados por demasiado tiempo, puede que se echen a perder.

Practica la abstinencia

"El verdadero amor espera"
—Josh McDowell

Valores

Todo mundo tiene creencias o valores que determinan como van a actuar o reaccionar ante cada situación. Ya sean de índole espiritual, moral, financiera o política, tú también tienes valores que modelan tu comportamiento. Existen cosas que estás dispuesto a hacer y cosas que simplemente no harás debido a las cosas en las que crees.

La televisión, las revistas y la publicidad tratan de influenciar tus creencias. Por ejemplo, algunas te retan a esperar hasta después de casarte para tener relaciones sexuales. "Valgo la pena," te recuerda el slogan publicitario. Es lo mismo que decir, "Tengo algunas creencias sobre mi valor como persona y ellas determinan mi comportamiento."

La abstinencia no será la más popular de las creencias, pero es una muy buena y es práctica. Tan sólo piensa en las cosas de las que tienes que ocuparte ahora. ¿De verdad quieres cargarte todas las cosas que vienen con el hecho de crecer demasiado aprisa? Pon tu sistema de valores a funcionar. Di, "Valgo demasiado como para hacer algo contrario a mis valores." Tu compromiso con la abstinencia puede influenciar a alguien justo cuando está tomando decisiones sobre su comportamiento.

Tus valores son valiosos.

Propónte complacer a Dios, no a los demás

"Sea Señor tu voluntad, nada más, nada menos, nada en cambio."

—A.B. Simpson

Enfoque

Cuando encuentras unos zapatos estupendos en el centro comercial y se los muestras a tus amigos, ¿qué sucede? Habrá quienes piensen que los zapatos son los mejores que han visto. Habrá quienes estén celosos. Te desanimarán con la intención de comprar ellos los mismos zapatos. Algunos se reirán tanto que se caerán a carcajadas. Ese será el momento en que te des cuenta que no puedes complacer a todos.

Tratar de complacer a la gente puede ser una experiencia frustrante y dolorosa. Para la hora en que has complacido a una persona llega otra. Ahora tu atención se distrae. Dejas de tratar de ganar el favor de la primera persona para influenciar a la segunda. Si sigues ese ciclo acabarás por estrellarte.

La Biblia dice que ames a Dios con todo tu corazón — enfoca tu atención en Él. Enfocarse en Dios quiere decir tratar de complacerlo con tus actitudes y acciones. Lo sorprendente es que cuando te enfocas en Dios, tus relaciones con los demás mejoran.

Recuerda, primero está Dios, después todo lo demás.

Encuentra lo divertido en la vida diaria

"Un gran hombre es aquel que no pierde su corazón de niño."

—Mencio

Humor

Linda tomó un atajo a través de su jardín una tarde de otoño. Estaba profundamente inmersa en sus pensamientos cuando accidentalmente pisó el rastrillo de jardín que su hermano había olvidado recoger. El cabo del rastrillo inició el vuelo y aterrizo justo en la nariz de Linda. Al instante sus ojos y su nariz se amorataron.

Linda tenía que elegir. Podía estallar en ira por el incidente, o podía optar por reírse de lo ocurrido. Decidió que se reiría. Al día siguiente en la escuela, contó a sus amigos lo ocurrido mientras almorzaban. Al tiempo que profundizaba en los divertidos detalles de pararse sobre el rastrillo, sus amigos se reían a carcajadas. Fue un respiro de alegría para todos en un día que, de otro modo, habría sido como el promedio ordinario.

Afrontémoslo. La vida tiene momentos absurdos y muchos de ellos te sucederán a ti. En lugar de avergonzarte, ¿por qué no los conviertes en una buena historia y alegras el día de alguien?

Anda, diviértete.

Piensa antes de anticipar conclusiones

"Hay muchas cosas en la vida que llamarán tu atención, pero sólo unas pocas entrarán en tu corazón. Persíguelas."

—George W. Bush

Juicio

"**P**iensa antes de saltar," dice el refrán. Es muy buen consejo en cualquier situación. Pero especialmente cuando enfrentas conductas cuestionables en otros adolescentes. Antes de que empieces a lanzar condenas como un juez, asegúrate de conocer todos los hechos. Pudiera haber una explicación perfectamente comprensible para las palabras o las acciones que acabas de presenciar.

Sinceramente, es una tarea difícil creer en lo mejor de la gente. La ruta más fácil es creer en lo peor del individuo. Todo lo que tienes que hacer es dejarte llevar por la corriente junto con tus amigos que evaden su responsabilidad no viendo los hechos.

Creer en lo mejor conlleva a decir lo mejor. Es mejor aferrarse a esa creencia que convertirla en una arma mortal. El hecho de esparcir rumores no requiere mucho esfuerzo, pero puede implicar una fuerza letal. Con una palabra o dos, puedes acabar con la reputación de alguien y causarle un dolor enorme.

Así que, si no conoces los hechos, cree primero en lo mejor y al final en lo peor.

No tomes prestados los problemas de mañana

"Dios no te llevará a donde su gracia no pueda protegerte."

—L. B. Hicks

Preocupación

La medianoche es un momento interesante del día. A medianoche tus problemas de hoy se volverán tus problemas de ayer. "Vive un día a la vez" es quizá el mejor consejo que oigas. Mientras vivas un día a la vez, puede que también te quedes con el hoy. No puedes hacer mucho por el ayer y, con certeza, no podrás hacer nada por el mañana sino hasta que esté aquí. Preocuparte por el ayer es una pérdida de tiempo. Es mejor enfocarse en los retos de hoy.

Preocuparse por el mañana agota tu energía vital. Tomar prestados de los problemas de mañana agota tu fortaleza. En algunos casos, ha llegado a causar enfermedades físicas y mentales.

La preocupación en exceso evidencia una falta de fe en Dios. Recuerda, Dios es eterno. Él existía antes de todos los tiempos y existirá después de que se agote el tiempo terrenal. Dios sabe tanto sobre tu mañana como sabe sobre tu hoy. Puedes confiarle lo que no sabes, por que Él lo conoce bien.

¡Vive el momento! Los problemas de mañana pueden convertirse en tus triunfos de mañana.

Si lo tomaste prestado, devuélvelo

"Al probar que eres digno de confianza en asuntos pequeños, los más valiosos recursos del mundo estarán a tu disposición."

—Stan Toler

Confiabilidad

Chris adoraba desarmar cosas y volverlas a armar. Para hacerlo, en ocasiones echaba mano de las cosas en la caja de herramientas de su papá. El problema era que, la mayor parte del tiempo, olvidaba ponerlas de vuelta en su lugar. Así que, cuando el papá de Chris necesitaba las herramientas para un proyecto, por regla general tenía que andarlas buscando. Lo anterior no sólo demoraba el trabajo del papá en el proyecto, también causaba problemas en su relación.

Al papá no le molestaba que su hijo tomara las herramientas, pero trataba de destacar la importancia de regresar las cosas. Ya sea que tomes prestadas herramientas, equipo deportivo, ropa o cualquier otra cosa, debes hacer el compromiso de devolver a tiempo lo que tomas.

Se trata de un excelente hábito por dos razones. Primero, le facilita las cosas a quien te prestó sus pertenencias. No tendrán que andarte cazando para encontrar lo que les falta. Segundo, te enseña a ser digno de confianza. Tu confiabilidad en esto te ayudará en muchas otras áreas. Además, desarrollas un buen hábito y los buenos hábitos te crean un buen carácter.

¡Que devuelvas felizmente lo que tomas prestado!

Date un tiempo para tu familia

"En el núcleo de la civilización moderna, el motor del mundo es la familia. Todo lo bueno, malo o indiferente de la sociedad, antigua o moderna, fluye de la salud, la efectividad o los defectos de la familia."

—Joe Batten

Prioridades

¿**H**as visto alguna vez una camada de gatitos? Exploran sus alrededores juntos. Juegan entre ellos. Desordenan y pelean. Tratan de estar en primera línea en la "cafetería." Pero después de un rato, terminan acurrucándose para descansar y darse calor. Su seguridad reside en su relación mutua.

Su interacción los fortalece. Al jugar entre ellos, fortalecen sus músculos. Sus sentidos se agudizan mientras se buscan por los rincones, desarrollan sus emociones mediante la dependencia entre ellos. La familia es una prioridad para los gatitos.

Tú vives en un mundo muy ocupado. Exploras tu mundo — tareas, actividades extra escolares, recitales, grupos de estudio, empleos de medio tiempo — pero sería buena idea seguir el ejemplo de los gatitos y hacer de la relación con tu familia una prioridad.

Date un tiempo para tu familia. Siente el calor del abrazo. Deja que sea la fuente de tu fortaleza. Arreglen cualquier diferencia por el bien de tu propia seguridad.

Recuerda, en la vida, lo que cuenta son las cosas que hace la "camada."

Ten un encuentro diario con Dios

"Tengo tanto que hacer hoy que pasaré las primeras tres horas en oración."

—Martín Lutero

Devoción

Cuando quieres salir con tus amigos, no dejas nada al azar. Especifican una hora y lugar para encontrarse. Luego te preparas para la reunión. Sabes que tendrán cosas importantes de qué hablar. Harán planes. Incluso usarás el tiempo de esa reunión para decirles lo que sientes por ellos, para hacerles saber tu devoción por ellos.

Un encuentro con Dios es parecido a eso y más. Tu encuentro diario con Dios es un momento para hablar con Él, un momento para compartir lo que hay en tu corazón y un momento para expresar tu devoción para con Él.

Dios no está limitado a la escala de tiempo que nosotros estamos. Para asegurarnos de encontrarnos con Él cada día, debemos hacer una cita. Tal cosa no limita nuestra experiencia con Dios. Podemos encontrarlo en cualquier lugar, en cualquier momento; pero especificar un tiempo para hablar con Él en oración y para leer su Palabra nos ayuda a que se vuelva un hábito regular.

Ten fervor por tus devociones.

Visita tu biblioteca

"Una vez que la mente del hombre se ensancha por efecto de una nueva idea, jamás recupera sus dimensiones originales."

—Oliver Wendell Holmes

Mejora

¿Qué te parecería si hubiera un edificio al que pudieras ir para encontrar los secretos de la mejora emocional, espiritual, física y mental? ¡Existe! Es la biblioteca pública.

Tu biblioteca esta llena de grandes libros, revistas, periódicos y recursos audiovisuales. No tienes que suscribirte a un costoso programa de auto-ayuda. Todo lo que te cuesta es un poco de tiempo libre en la biblioteca.

La auto-mejora es un elemento clave de tu crecimiento personal. Si deseas "subir por la escalera" debes recargarla en tu biblioteca. El bibliotecario te llevará justo a la sección indicada o te ayudará a encontrar la fuente computarizada que te ayudará a estar un paso delante de los demás.

Aprende sobre el pasado en los grandes libros de historia. Los triunfos y tragedias del pasado te enseñarán a enfrentar el futuro. Aprende sobre el presente. Entérate sobre lo que pasa en tu mundo. Ten un periódico en una mano y un buen libro sobre eventos actuales en la otra.

Hay buenos libros en la biblioteca. ¡Compruébalo!

Dale a alguien un poco de ayuda

"Difícilmente te volverás avaro o egoísta si te ocupas compartiendo lo que tienes con los demás."

—Steve Weber

Ayuda

Si vieras a una anciana batallando por meter sus compras en el auto, ¿qué harías? Por supuesto que le ayudarías. Aligerar un poco la carga de otros al poner algo de ella sobre tus hombros es una de las tareas más gratificantes de la vida. Por lo general, las cosas que haces voluntariamente resultan ser las más valiosas. Se quedarán contigo mucho más tiempo que las que te paguen por hacer.

La ayuda es un hábito que se desarrolla del mismo modo que andar en patines o montar una bicicleta. Comienza de a poco. Ofrece tu lugar en la fila a la persona de atrás de ti. Levanta la envoltura del dulce tirada en el pasillo. Lava alguna vez los platos.

Luego comienza a subir. Cuida a los niños de algún amigo o familiar. Pinta la casa de alguien. Ayuda en la cocina de un albergue para gente sin hogar. Dale mantenimiento al auto de una mamá sola. Se consejero voluntario en un campamento.

Si escuchas la palabra "¡Ayuda!" responde al llamado.

Sueña en grande

"Comienza por hacer lo necesario, luego lo que es posible y pronto estarás logrando lo imposible."

—San Francisco de Asis

Actitud

Generalmente los campeones no obtienen sus títulos por casualidad. Los planean. Siempre que compiten comienzan con una meta en la mente: ganar. Incluso si las estadísticas están en su contra, ellos confían en que pueden vencer.

Los campeones ganan en grande porque sueñan en grande. De alguna forma, ganar comienza en la mente. Si puedes visualizarte cruzando la meta, tienes un gran incentivo para hacer la carrera. Tu actitud hace la diferencia.

Lleva esa actitud a las otras áreas de tu vida. Cuando pienses en tu futuro, piensa en grande. ¿Por qué pensar en ser el acomodador de autos en una clínica cuando tienes el potencial de ser uno de los médicos? Nunca te conformes con ser el segundo mejor. Aspira a estudiar, trabajar o jugar al más alto nivel de rendimiento.

Aquí tienes un buen principio: *Actitud* más *Esfuerzo* igual a *Logro*. Si puedes verlo en tu mente, estás en el camino para hacerlo realidad. Si quieres tener grandes logros, comienza a soñar en grande.

¡Tienes que creer para que puedas verlo!

Administra tus minutos

"La verdadera administración del tiempo es auto-administración."

—Stan Toler

Eficiencia

Todos tenemos los mismos 1440 minutos para trabajar día a día — ni uno más, ni uno menos. Administrar esos minutos es lo que importa. Vuelan con mayor fluidez que un águila. Te sientas a ver la televisión unos minutos y, de pronto, una o dos horas han pasado. Lo mismo pasa cuando conectas tu video juego. Los minutos se vuelven horas antes de que te des cuenta.

Aprender a manejar tu tiempo eficientemente es una de las más importantes habilidades que has de desarrollar. Debes controlar el tiempo o él te controlará a ti. Usa una agenda o una computadora de mano para organizar tus minutos.

Pasa algunos de tus minutos planeando. ¿Qué metas quieres alcanzar hoy? Haz una lista. Aprende lo emocionante que es tachar una actividad en tu lista una vez que la has cumplido. Invierte algo de tu tiempo para reflexionar en silencio. Date el tiempo para reflexionar sobre tu día e incluye un tiempo para la oración y el estudio de la Biblia.

Aprende a dominar tus minutos y te sobrarán horas para gozar.

Únete a un grupo juvenil de la iglesia

"No abandonemos nuestras reuniones, como algunos tienen por costumbre, sino fortalezcámonos mutuamente, y tanto más cuanto que ya ven que el día se acerca."

—Hebreos 10:25

Compañía

La gente se necesita entre sí. Así es como fuimos hechos. Tenemos este anhelo interno por las amistades. Pero las amistades pueden tener una influencia tanto positiva como negativa en nuestras vidas. Una fe en común, junto con los valores que la acompañan, es un factor importante en la construcción de relaciones positivas.

En casi todas las localidades existe un grupo de gente de tu edad que se reúne en asociación con la iglesia local para compartir creencias en común. Esa clase de amistad es la que llamamos una compañía. Por lo general estas reuniones son muy positivas y giran en torno a las relaciones y las amistades centradas en Dios.

Un grupo de jóvenes en la iglesia está diseñado para ofrecer un lugar agradable para convivir y rodearse de gente que tiene una relación común con Dios.

Si quieres agregar una grandiosa dimensión a tus amistades, busca una iglesia en la que haya un grupo activo de jóvenes e involúcrate. ¿Cómo encuentras uno? Pregunta a tus amigos. Ve los anuncios de la iglesia. Pregunta a un miembro de tu familia que asista a la iglesia.

Tu necesitas al grupo y el grupo te necesita a ti.

Sobreponte al fracaso con fe

"No puedes dejar huellas en las arenas del tiempo quedándote sentado. Da un paso de fe."

—Jerry Brecheisen

Confía

¿**Q**ué es fe? La fe es una creencia interna, o confianza en algo o en alguien. No es algo que puedas ver o tocar. A menudo crees en algo aunque no puedes entenderlo por completo. Por ejemplo, si manejas un auto, pones la llave en el encendido y confías que al girarla, encenderás la máquina. También crees que al girar la llave, comenzará una cadena de eventos que te llevarán de donde estás ahora a donde quieres ir.

¿Has oído alguna vez de personas que han perdido la fe en algo o en alguien? Dejaron de creer porque encontraron reveses en sus vidas. En realidad, los reveses son un buen lugar para poner la fe en acción. Una campeona de patinaje de figura no abandona una rutina por causa de una caída. Se levanta del hielo, continúa la rutina y usa el incidente como un punto de aprendizaje. La patinadora se sobrepone al fracaso creyendo que la próxima vez hará las cosas mejor.

¿Puedes sobreponerte a tus reveses? Es mejor que creas que sí.

Detente a oler las palomitas

"Dios me ha dado este día para usarlo como me plazca. Puedo desperdiciarlo, o usarlo para bien; pero lo que puedo hacer hoy es importante porque estoy dando un día de mi vida a cambio de ello."

—Heartsell Wilson

Relajación

Vives en una sociedad sobre-estimulada. Corres de la escuela a las prácticas, a la tarea, al trabajo y luego al centro comercial por un refresco — todo en una misma tarde. Todas las cosas en que te envuelves pueden ser grandiosas, pero en ocasiones es necesario que presiones el botón de "pausa." Necesitas detenerte a oler las palomitas. Necesitas enfriarte de vez en cuando.

Tu cuerpo lo necesita. Tus años adolescentes son tiempos de crecimiento acelerado. Tu cuerpo está trabajando al máximo y pasa por tremendos cambios. De vez en cuando necesitas detenerte lo suficiente para que tus piernas alcancen tus brazos. Los momentos de relajación permiten a tus células reagruparse y descansar para lo que les aguarda.

Tu mente lo necesita también. En ocasiones se sobrecarga. Tarea, diálogos, canciones, juegos, NIPs, números de celular — tienes mucho en qué pensar. A veces es necesario que dejes de pensar. Relájate. Pon tu mente en neutral. Tienes una larga jornada por delante.

Disfruta tu vida; sólo tienes una.

Controla tu ira

"Voces airadas bajan la estima. Ánimos caldeados enfrían las amistades. Lenguas sueltas estiran la verdad. Cabezas henchidas aprietan la influencia. Palabras agudas dañan el respeto."

—William A. Ward

Disciplina

La pelota golpeó el bat de baseball con un "crack" y se elevó por el aire en dirección al jardín central. Parecía que iba a salir de la atmósfera terrestre. Freddie corrió en reversa tan rápido como pudo y se posicionó justo debajo de ella. La pelota caía rápido. Golpeó la orilla del guante y cayó al piso. Molesto por su error, Freddie tomó la pelota, y lleno de frustración giró y la lanzó lo más fuerte que podía. La bola pasó volando sobre la cabeza del chico de tercera base y acabó rodando en el estacionamiento. Debido a que actuó rápido y fuera de control, Freddie giró en la dirección equivocada. De haber controlado su ira, habría sabido hacia donde lanzaba.

La vida está llena de momentos frustrantes. Cómo te disciplinas para reaccionar ante ellos hace la diferencia. Si reaccionas rápidamente y lleno de ira, probablemente "lanzarás en dirección equivocada."

Tómate el tiempo para pensar en el problema y pensar en tu reacción; de este modo cometerás menos errores.

Mírate bien en el espejo

"¡Dios nunca ha cometido un error!"

—Lon Woodrum

Reflexión

Una de las primeras cosas que haces cada mañana es mirarte en el espejo. Tal cosa puede ser aterradora, especialmente, si no dormiste bien la noche anterior. Pero después que te has duchado, lavado los dientes y alisado tu cabello, la vista en el espejo suele ser un poco mejor. Más tarde, después de un buen peinado o aplicar el maquillaje la vista en verdad mejora.

¿De verdad te has visto en el espejo últimamente? ¿Qué ves? A primera vista pudieras ver alguien con quien estás insatisfecho. Tus ojos tienen un color que no te va. Tu nariz es demasiado larga o demasiado corta. Tienes uno que otro granito, pero mira ora vez.

Eres una persona valiosa a los ojos de Dios. Tienes habilidades únicas. Tienes la capacidad de hacer la diferencia en la vida de alguien. Eres la persona indicada para el trabajo cuando se te necesita. Hay ajustes que puede que necesites hacer antes de enfrentar el día, pero el potencial está ahí.

Ponte los "lentes de Dios" y vuelve a mirar.

Nunca busques venganza

"Un buldog puede apalear a un zorrillo cuando quiera, pero generalmente no vale la pena."

—S. M. Lockridge

Desinterés

"¿Qué hay de mis derechos?" Es una expresión común en nuestros días. Todo mundo está buscando sus propios derechos. En consecuencia, parece que vivimos en un mundo en el que la gente se interesa sólo por sí misma. ¿Y qué sucede cuando alguien violenta nuestros derechos? Nuestro instinto natural es desquitarnos, una palabra por una palabra, una herida por una herida. ¡Es hora de ajustar cuentas!

Jesucristo fue la persona más desinteresada que jamás haya vivido sobre la tierra. Nos enseñó que hay momentos en que declinamos nuestros derechos por el bienestar de otros. Él declinó sus derechos cuando murió en la cruz. Su muerte hizo posible que se te perdone el pasado y que se te asegure un futuro lleno de esperanza.

No puedes controlar cómo otras personas van a reaccionar hacia ti, pero puedes controlar cómo tú reaccionarás hacia ellos. La venganza es una reacción egoísta y termina lastimándote más que lo que haría alguien más. Termina dejándote la culpa, la amargura y la ansiedad.

Tus derechos podrían estar equivocados.

Conoce lo que está ocurriendo en el mundo

"No puedes influenciar un mundo con el que no estás familiarizado."

—Steve Weber

Conciencia

Una de las características de las personas exitosas es que están conscientes de su mundo, utilizan toda oportunidad para informarse sobre los eventos actuales. Las noticias de negocios, política, sociedad, religión y deportes están a su alcance y las aprovechan. Saben que la conciencia de los eventos del mundo les da un punto de vista, tanto en su toma de decisiones a nivel personal, como en su interacción con los demás.

Para conocer lo que sucede en el mundo que te rodea, debes leer. Con tan sólo unos momentos todos los días, puedes enterarte de lo que sucede en todo el mundo. Por ejemplo, tómate unos minutos para echar un vistazo a los encabezados de los periódicos. No tienes que leer cada palabra de cada renglón del periódico para saber que hay en él. Revisa los encabezados, lee las primeras frases de cada párrafo.

Otra manera de mantenerte informado es ver un noticiero por televisión o consultar un sitio web de noticias. Mira y escucha los eventos principales.

Realmente no requiere mucho esfuerzo para estar "en lo que pasa."

Toma un libro en lugar del control remoto

"Todos los directores son lectores. En el momento que dejas de leer dejas de dirigir."

—Stan Toler

Imaginación

Lo has escuchado un millón de veces, hay carteles sobre los muros de tu escuela: "LEE." Hasta hay escuelas en las que los alumnos reciben pizza gratis por leer cierto número de libros. ¿Por qué será tan importante leer? ¿Será un truco de los que detentan el poder para hacerte la vida miserable y arrebatarte toda la diversión?

De hecho tus maestros están más ocupados de tu mente que lo que están de arruinarte el esparcimiento. Saben que todos nosotros tenemos la tendencia a optar por lo más fácil. Saben que es mucho más fácil para nosotros "vegetar" con un refresco, unas frituras y el control remoto.

¿Sabías que, al igual que a tu estómago, a tu cerebro le da hambre? Necesita alimentarse y ejerctiarse tal como el resto de tu cuerpo. Al preferir un libro en lugar de la televisión, echas a andar tu mente. Expandes tu imaginación. Sacar tu cerebro de "neutral" y ponerlo en "drive" lo hace estar alerta y ser creativo.

Dale a tu mente unas vacaciones lejos de la televisión. Toma un libro en lugar del control remoto.

Dedícale tiempo a tus abuelos

"Todos deberíamos tener una persona que nos bendiga a pesar de las evidencias en nuestra contra... Abuelita era esa persona para mí."

—Phillis Therony

Sabiduría

Es un mundo diferente, piensas. Nadie sabe lo que me está sucediendo. En ocasiones, cuando se es joven, se olvida que la gente mayor que tú tiene gran sabiduría. Seguramente, el mundo es diferente de lo que era hace cincuenta años. Es en verdad un mundo totalmente nuevo, pero la lucha por la vida sigue siendo la misma. Educación, carrera, relaciones, fe; tus abuelos enfrentaron los mismos problemas, pero ellos poseen algo que ningún título te da: sabiduría.

La sabiduría combina el aprendizaje con la experiencia. Tus abuelos comprenden tu situación porque han pasado por algunos de los mismos caminos que pasas ahora. Pasa algo de tiempo con ellos. Aprende de la vida. Encuentra seguridad en su amor y admiración por ti.

¿No tienes abuelos? Toma unos prestados. Existe gente en tu comunidad que necesita de alguien exactamente como tú. ¿Qué tal aquella pareja de ancianos cuyos hijos han crecido y viven hoy día en otra ciudad? Adóptalos. Conócelos. Te sorprenderás de las historias que escucharás y de la diversión que tendrás.

Deja que los abuelos te enseñen una o dos cosas sobre la vida.

Abraza a alguien

"El amor es lo único de lo que siempre tenemos bastante. Es la única cosa en la vida que no disminuye si se le divide y comparte."

—Linda Weber

Afecto

Fuimos creados con cinco sentidos y uno de ellos es el sentido del tacto. Imagina que no pudieras sentir nada. No sabrías si la estufa está caliente o fría, ni conocerías la textura suave de un cachorrito. No sabrías lo cómodas que son las pijamas de franela un sábado de asueto. Pero más que nada, no podrías sentir el contacto con los demás. El contacto es una de las formas en que demostramos nuestro amor y afecto a alguien.

Por supuesto que sabes sobre "contactos buenos" y "contactos malos." Pero los toques buenos siempre están a la orden, especialmente cuando se trata de miembros de tu misma familia. Dale a alguien un abrazo sorpresa. Demuéstrale a alguien cuánto te importa — espontáneamente. En ocasiones un abrazo necesita una palabra de acompañamiento, como "Te quiero" o "Te aprecio." Pero con más frecuencia los abrazos son muestras únicas sobre lo que sientes por alguien.

El afecto es una señal de vida. Hace saber a la gente que tu corazón aún late, que estás emocionalmente estable y que tus relaciones son importantes.

¡Es bueno ser "adicto" a los abrazos!

Detente y mira la puesta del sol

"La vida no es un asunto de señalizaciones, sino de momentos."

—Rose Fitzgerald Kennedy

Belleza

Cada sábado por la tarde durante el otoño, el grupo de jóvenes de la iglesia se reunía a jugar fútbol. Chicos y chicas, pequeños y grandes — todos jugaban. Un día, muy entrada la tarde el grupo todavía jugaba. De repente el capitán de uno de los equipos dejó de jugar y gritó, "¡Atención todos! ¡Miren esa puesta de sol!" Los jugadores se quedaron quietos contemplando el dorado brillo del atardecer. En aquel momento nada más importaba sino la belleza del último rayo de sol.

Al principio parecía una locura detener todo el juego por algo que sucede todos los días. Pero pronto todo tuvo un perfecto sentido. Ningún otro atardecer sería como ése. Sus tonos anaranjados y dorados se mezclaron a propósito para ese día. La puesta de sol del día siguiente sería diferente.

No te pierdas el atardecer del día de hoy por estar demasiado metido en el juego. Mira a tu alrededor y disfruta las bellas cosas que Dios creó. Te recordarán lo tonto que es enfrascarse en un apretado horario al grado de olvidar lo que de verdad es importante.

Siéntate en un banco en el parque y mira la puesta del sol.

Busca el arco iris después de la lluvia

"El Señor es fiel a sus promesas y amoroso para todo lo que ha creado."

—Salmo 145:13

Promesas

Las gentiles aguas de la primavera riegan la tierra después del invierno y traen vida a la naturaleza nuevamente. Las lluvias del verano parecen ser las más intensas. Vienen rápidamente e inundan los campos. Las lluvias del otoño son frías y pesarosas. Parecen tristes y miserables.

Las aguas de la primavera son como la promesa de Dios de renovación tras el estancamiento del invierno. Sus promesas están en todas partes. La refrescante lluvia de la primavera se detiene. De pronto, hermosos colores surcan el cielo como un recordatorio pintado de que la lluvia no durará para siempre. Después del Diluvio Universal del que nos habla la Biblia, Dios aseguró que las aguas no destruirían la tierra nuevamente y selló su promesa con un arco iris. Cada color era un recordatorio de su bondad y su amor.

Habrá algunas lluvias en tu vida, momentos en los que las cosas no saldrán como las planeas. Enfermedades, fracasos, y malos entendidos vendrán, algunos como las gentiles lluvias de la primavera, y otros más intensos como las lluvias del verano. Algunos incluso te harán sentir miserable y triste como las lluvias del invierno.

Pero no durarán para siempre. ¡Esa es una promesa! Dios la selló con un arco iris.

Comparte tu tiempo voluntariamente

"Siempre es el momento preciso para hacer lo que es correcto."

—Martin Luther King Jr.

Servicio

Piensa en esto, obtienes mucho de tu comunidad: educación, parques y recreación, servicios de policía y bomberos, transporte, servicios sociales. ¿No sería bueno que dieras algo a cambio? Trabajar como voluntario en alguna dependencia de tu comunidad es una manera de hacerlo.

Por ejemplo, los hospitales son excelentes lugares para el trabajo voluntario. Pueden ser lugares solitarios. Ser voluntario en la recepción, o transportando a los pacientes a y desde sus cuartos puede ser una manera de darles amabilidad y ánimo. Además, puede que el personal del hospital tenga mucho trabajo y agradezca tu ayuda.

Hay oras dependencias que también necesitan tu ayuda. Pide a tu consejero escolar o sacerdote algunas sugerencias. Puedes ser voluntario en una oficina, ser guía de turistas, ayudar a limpiar un parque local o llevar las cosas de los ancianos. La lista es interminable.

Puede que hasta quieras que algunos de tus amigos trabajen contigo. Ser voluntario es contagioso. Otros adolescentes se contagiarán de tu entusiasmo.

Haz la diferencia en tu comunidad. Dale algo a cambio.

Planea con anticipación

"Fallar al planear = planear fallar."

—Brent Hardesty

Preparación

Si quieres ir a casa de un amigo, no sales de tu casa a pararte en la banqueta esperando que una ráfaga de viento te lleve hasta allá. Te preparas. Piensas en la hora del encuentro, tu transporte, lo que te vas a poner, la ruta que seguirás. Planeas con anticipación, como se dice en ingles plan ahead.

Aquí tienes una fórmula PLAN-AHEAD para la vida.

P — Pide a Dios Sabiduría y dirección.

L — Lista de las cosas que necesitas cumplir.

A — Adquiere la información y recursos que necesitas para hacerlo.

N — Nota lo que otros han hecho en situaciones similares.

A — Aconséjate con los expertos.

H — Hora de escuchar tu voz interior. Ve con cautela si desconfías.

E — Espera adversidad y planea como superarla.

A — Actúa con decisión. Toma una decisión y ¡llévala a cabo!

D — Deja todo en manos de Dios, pero haz tu mejor esfuerzo.

Con un poco de preparación, puedes trabajar más inteligente y efectivamente y preocuparte menos por lo que necesitas hacer.

¡Preparación en lugar de inspiración!

Lee el instructivo

"Si no tienes tiempo para hacerlo bien, ¿cuándo tendrás el tiempo para volverlo a hacer."

—Anónimo

Instrucciones

"¡Ya he estado ahí, ya he hecho eso!" son expresiones clásicas que dicen, "Ya he experimentado esto." Pero ¿qué pasa si no lo has hecho? Pues, un pequeño consejo es necesario. Necesitas instrucciones. ¿Alguna vez has tratado de armar algo sin leer las instrucciones primero? En ocasiones hacerlo llega a ser doloroso. Pones todo junto pero hay una pieza que sobra. Pronto haces el terrible descubrimiento. Esa pieza va justamente a la mitad del proyecto entero. Ahora tu creación no funciona bien. La pieza era necesaria para su operación.

La vida se parece mucho a eso. Lee las instrucciones primero. Dios nos ha dado sorprendentes instrucciones en su palabra, la Biblia. La vida es demasiado complicada como para "tocarla de oído." Consigue toda la ayuda que puedas. Lee las instrucciones y mira como Dios ha puesto todo en orden por ti. Si intentas hacerlo solo, obtienes sólo lo que puedes hacer. Si sigues Sus instrucciones, obtienes lo que Dios puede hacer.

Saca el "manual del usuario" y comienza a vivir.

Sigue a tu corazón

"Lo que se halla detrás y delante de nosotros son pequeñas cosas comparadas con lo que existe dentro de nosotros."

—Ralph Waldo Emerson

Convicción

¿**H**as estado con tus amigos cuando hacen algo con lo que no te sientes cómodo o simplemente no estabas seguro? Tenías esa extraña sensación interna. ¿Qué era? Era tu corazón. No tu corazón que bombea sangre, sino tu interior, el corazón de tu conciencia. Cuando sientes eso, significa que probablemente estás haciendo algo en contra de tus convicciones personales, en contra de tus valores.

Es bueno escuchar tu corazón en esas situaciones. Pero para confiar verdaderamente en tu corazón, debes ponerlo en línea con la verdad, la verdad de Dios. Él nos ha dado dos importantes cosas para momentos como estos. Primero nos dio su Palabra. Puedes comparar tus actos con los valores que se describen en la Biblia. Segundo, te ha dado Su Espíritu para que viva dentro de ti. Al poner tu confianza en Él, Dios te ha dado un sistema interno de alarma que se activará en cuanto entres en "territorio enemigo."

Si no te sujetas de algo, seguramente caerás.

Respeta a quienes tienen la autoridad

"Todos deben someterse a las autoridades constituidas. No hay autoridad que no venga de Dios y las que hay, por Él han sido establecidas."

—Romanos 13:1

Obediencia

Rebelarse ante la autoridad parece ser lo que está de moda en estos días. Ves gente en la televisión escapando de la policía o arrojando piedras a las ventanas de las tiendas en una u otra forma de protesta. Tal vez hasta hayas visto alguna organización religiosa rebelarse en contra de las leyes del gobierno.

Pareciera que es lo que está en boga, pero no es lo correcto. La Biblia nos pide respetar a quien detenta la autoridad. Tal cosa no significa que debamos estar de acuerdo en todo lo que dicen. Significa que debemos tolerar lo que dicen porque tienen la autoridad para hacerlo.

Obedecemos las leyes porque es lo correcto, no porque sea conveniente o popular. Se requiere disciplina personal. Es fácil insultar a los policías o cubrir las paredes con graffiti a manera de protesta, pero se necesita disciplina para hacer lo que es correcto en lugar de reaccionario.

La obediencia es una fuente de crecimiento personal. No solo te ayudará a hacer los ajustes necesarios en tu hogar, también te ayudará en cada área de tu vida.

Obedece o atente a las consecuencias.

Limpia tu lenguaje

"Emplea tu cerebro antes de abrir la boca."

—Ed Jeffers

Vocabulario

¿**A**lguna vez has visto un fregadero lleno de trastes sucios plagados de restos de comida pegados en ellos? No se ve bien y huelen todavía peor. Sólo a las moscas les gustan los trastes sucios. Para ellas, un fregadero lleno de trastes sucios es como un letrero de "abierto" en un restaurante.

¿Cuál es la solución para los trastes sucios? Obviamente, necesitan lavarse. Un poco de jabón, desinfectante y ese fregadero se verá mejor. Las moscas lo odiarán, pero la gente lo amará.

A veces, tu vocabulario puede ser tan desagradable como un fregadero lleno de trastes sucios. Piensa en las palabras que salen de tu boca o piensa en las palabras que están a punto de salir. Algunas de ellas son tan desagradables como restos de comida en un plato sucio. Echan a perder, no son atractivas para los demás y no son sanas. Cuida tu lenguaje, piensa en las palabras antes de que las dejes salir de tu cabeza.

Limpia tu lenguaje y el mundo que te rodea olerá mejor.

Descubre la importancia
del trabajo en equipo

"El trabajo en equipo hace realidad los sueños."

—S. Mark Hollingsworth

Cooperación

Shelly había estado lanzando bien todo el juego. En los últimos segundos de su juego de básquetbol de secundaria, el juego estaba empatado. Manejó la pelota por la cancha, se concentró rápido en el aro, e hizo un tiro desesperado con tres oponentes a su alrededor. El balón, lanzado como una bala, rebotó en el tablero y cayó en manos de una jugadora contraria. Esa jugadora lo tiró rápidamente a una compañera quien lo metió en la canasta para ganar el juego.

Shelly estaba concentrada en su juego, pero olvidó la importancia del trabajo en equipo. El resultado habría sido diferente si hubiera dado un pase a su compañera que estaba en posición bajo la canasta.

El trabajo en equipo no es sólo para los deportes. En casi cualquier área de la vida, es mejor trabajar en cooperación con otros. Su experiencia y habilidades se conjuntan con las tuyas. Puede que ellos estén en una mejor posición de realizar la tarea. ¿Por qué no darles el pase?

No lo hagas solo. Dale pase a tus amigos, tu familia, o tus compañeros. El que salves puede ser tu propio juego.

Escríbele una carta a alguien que haya tenido un impacto en tu vida

"Nadie va solo por la vida: Todo lo que enviamos a la vida de otros regresa a la de nosotros."

—Edwin Markham

Agradecimiento

¿**E**res una mejor persona gracias a alguien a quien conoces? ¿Por qué no dejar que esa persona sepa lo mucho que la aprecias? Puede que ese alguien no sepa lo mucho que significa para ti. Si alguien en verdad ha tenido un impacto en tu vida, escríbele una carta. En este mundo de correos electrónicos y chat rooms, una carta pudiera verse pasada de moda o fuera de onda. Pero cuando se trata de escribir una nota o carta en realidad "la intención es lo que cuenta."

La persona a la que escribes se dará cuenta del esfuerzo que te tomaste. Escribir cartas requiere tiempo y pensamiento. La persona que las recibe agradecerá eso.

Dile a esa persona qué tan agradecido estás por haberla conocido. Expresa tu agradecimiento por sus actos de ayuda o amabilidad en específico. Saca una hoja de papel y una pluma y deja que tus pensamientos llenen las páginas. Trata de conmover a alguien en la misma medida que te ha conmovido.

Algún día, tu carta de agradecimiento pudiera ser "devuelta al remitente."

Mira a la gente a los ojos cuando le hables

"Los ojos son una ventana al alma."

—Debra White Smith

Atención

¿**A**lguna vez has hablado con alguien que es o ha sido militar? Si lo has hecho, ¿has notado el lenguaje corporal de esa persona cuando se dirige a ti? Más que probablemente, esa persona se para derecho, te mira a los ojos y generalmente muestra interés en lo que tienes que decir. Su lenguaje corporal proviene de una disciplina adquirida mediante entrenamiento.

Cuando hables con alguien, asegúrate de concentrar tu atención en esa persona. Haz contacto visual, especialmente cuando se te habla. Esto hace saber a la otra persona que le estás escuchando y que respetas su opinión.

Un buen contacto visual dice mucho sobre ti. Primero habla de tu auto-confianza. Estás expresando que están en el mismo nivel de comunicación, sin importar el estatus de la otra persona. Segundo, mirar a los ojos de la otra persona expresa que confías en ella. Estableces un lazo de comunicación que muy posiblemente será de gran beneficio para tu relación con la otra persona.

Trata de ver a los ojos de todo el mundo.

Hazte el hábito de ejercitarte regularmente

"El ayer es un cheque cancelado, el mañana es un pagaré, el día de hoy es el único efectivo que tienes — cuida tu salud hoy."

—Kay Lyons

Condición

No se ve a muchos adultos en el parque sino que, por supuesto, los parques están repletos de niños que corren, juegan a la pelota, saltan sobre los balancines o se cuelgan de los pasamanos. Tal vez por ello estabas en mejores condiciones físicas cuando eras más joven. Piensa en el tiempo que pasabas haciendo ejercicio cuando eras un pequeño. Es algo bueno que aún puedes hacer.

No tienes por qué dejar de correr y saltar ahora que has crecido. De hecho, el ejercicio te beneficia sin importar la edad que tengas. Ejercitarte no sólo te ayuda a estar en forma, sino que es también una excelente forma de liberarte de la tensión de la vida diaria.

Una buena rutina de ejercicio comienza en tu mente. Tienes que decidirte a hacerlo. Haz elecciones importantes sobre tu salud. Establece metas, elige tus métodos. Luego procede con determinación estableciendo hábitos de ejercicio inquebrantables. Determínate a recuperar algo de la energía que tenías en la infancia.

Trata de hacer ejercicio para mantenerte en forma.

Ríete mucho

"El humor es el amortiguador de la vida."

—Barbara Jonson

Risa

¿**A**lguna vez te has reído tanto que te ha dolido el estómago? ¿O te has caído de la silla porque te estabas riendo a carcajadas? ¿Por qué se siente tan rico reírse? Sucede que algo llamado "endorfinas" se liberan cada vez que te ríes haciendo que te sientas mejor. Es como un antidepresivo natural.

La risa es un lenguaje universal. Es tan contagiosa que puedes estar en un país en donde no hables el lenguaje local y puedes hacer que un autobús lleno de gente se ría solamente echándote a reír.

No escondas tu risa, ríete mucho. Es un grandioso remedio para lo que te aflige. La risa te ayuda a manejar la desilusión y la desesperación. ¿Alguna vez has, estando en dificultades, has encendido la televisión y te has botado de la risa de la rutina de algún comediante? En ese momento, tus problemas se pierden en la risa.

¿Cómo sería el mundo si todos nos riéramos más? Probablemente muy diferente de cómo es ahora. Las personas que han aprendido a reír pueden también aprender a amar.

¡Ríete!

Aprende de tus hermanos mayores

"Ninguna interacción humana tiene mayor impacto en nuestras vidas que nuestra experiencia familiar."

—Armand Nicholi

Imitación

¿**A**lguna vez viste que tus padres disciplinaran a tus hermanos mayores? Probablemente aprendiste algo de sus experiencias dolorosas. De hecho, hay mucho que aprender al observar a tus hermanos y hermanas. Sin importar qué tantos años tengan más que tú, tienen al menos toda esa experiencia.

Ellos han experimentado algunas dificultades que tú puedes evitar simplemente siguiendo sus consejos. Las cosas que han sido las piedras de sus tropiezos pueden ser tus escalones. Imita sus mejores comportamientos.

No olvides a tus hermanos más pequeños tampoco. Al mismo tiempo que puedes enseñarles mucho, ellos pueden enseñarte unas cuantas cosas también. Ellos llegan a la vida con una perspectiva distinta.

Piensa en tus hermanos como amigos, no sólo como familia. Mantén las líneas de comunicación abiertas. Perdona rápidamente, no sólo por el bien de la familia, sino por tu bienestar emocional. Reconoce lo que ellos tienen de bueno y amorosamente señala sus errores.

Si te haces amigo de tus hermanos ahora, tendrás menos enemigos después.

Muestra gratitud por lo que recibes

"Dios te dio el regalo de 86,400 segundos hoy. ¿Ya usaste uno para decir 'gracias'?"

—William A. Ward

Reconocimiento

¿**R**ecibes dinero de tus padres? Si es así, ¿cuál es tu actitud? ¿Lo esperabas? ¿Lo agradeces? Una aportación económica de parte de tus padres no es algo que te corresponda por derecho de nacimiento. Te la dan voluntariamente. Puede que haya algunas condiciones, pero generalmente viene por la generosidad y preocupación de tus padres.

El dinero que te dan es una forma de enseñarte la responsabilidad. Es algo de lo que necesitarás mucho cuando te unas a la fuerza laboral. "El pago del día por el trabajo del día" será la filosofía de quien te contrate. Es mejor que lo aprendas ahora que entonces.

También es la forma en que tus padres te enseñan a manejar el dinero. Tus hábitos de gasto o ahorro te ayudarán a administrar tu dinero a lo largo de tu vida, si desarrollas buenos hábitos. Al mismo tiempo es una forma en que te dicen que creen en ti. Afirma su respeto por tu uso del dinero y demuestra su confianza en ti.

Tal vez es un buen momento de reconocer su generosidad diciendo "gracias." Ellos no tienen por qué darte dinero. Agradece que quieran hacerlo.

Abre una cuenta de ahorros

"Gana todo lo que puedas. Ahorra todo lo que puedas. Da todo lo que puedas."

—John Wesley

Ahorro

A dondequiera que veas te estimulan a gastar. Comerciales de televisión, anuncios espectaculares, avisos de Internet, infomerciales, anuncios en revistas — todos dicen "¡Gasta tu dinero aquí!" Aprender a gastar sabiamente es muy importante para tu salud financiera a futuro, pero también lo es aprender a ahorrar. Acostumbrarte a poner parte del dinero que ganas en una cuenta de ahorros es una práctica que te ayudará a lo largo de tu vida.

¿Tuviste una alcancía de cochinito cuando eras menor? Ese cochinito te enseñó a hacer algunos sacrificios momentáneos por el gozo de romperlo más arde y ver cuánto habías ahorrado.

Bueno, cuando se llega a la edad que tienes ahora, es momento de llevar el cochinito al banco. En lugar de guardar tu "Domingo" o el dinero que te pagan en un frasco bajo la cama, es hora de que abras una cuenta de ahorros en el banco. Es una mejor manera de dar seguimiento a tus gastos y te enseña a trabajar con las instituciones financieras de tu localidad.

Así que, "lleva un cochinito al mercado."

Paga tus cuentas a tiempo

"Los préstamos de carácter son los mejores préstamos."

—John Baldwin, banquero

Deudas

Las deudas son lo que debes a cambio de los bienes y servicios que recibes, como el dinero que debes por el precio de una bicicleta o por un corte de cabello. En ocasiones esa deuda es cubierta de inmediato, en efectivo. En otras, la deuda o dinero que debes se paga poco a poco.

Cómo manejas tus deudas determina tu éxito o fracaso financiero. Una inevitable señal de que estás creciendo es el montón de cuentas que pronto comenzarán a atascar tu buzón. Muchas de ellas llegarán convenientemente un par de semas antes de que tengas que pagarlas, y tendrás la tentación de dejar que se empolven sobre tu escritorio. Pero no las dejes sin atender. Antes de que te enteres, la fecha de pago habrá pasado y estarás pagando tardíamente. Esos pagos tardíos se grabarán en tus registros de crédito y determinarán lo que se te permitirá comprar en el futuro.

Siempre paga tus deudas en la fecha indicada o antes.

Evita las ofertas de tarjetas de crédito

"Endeudarse es vaciar el futuro para llenar el presente."

—Ron Blue

Gastos

Tal vez hayas recibido una en el correo con tu nombre impreso en ella. Está hecha de plástico y tiene un grosor de menos de un milímetro. Tiene un atractivo logotipo en el frente, apenas si pesa; pero si no tienes cuidado con ella, se volverá un monstruo.

Es una tarjeta de crédito. Viene con un mensaje: "¡COMPRA AHORA!" No quiere que pienses mucho sobre si tendrás suficiente dinero para pagar la cuenta.

No, no todas las tarjetas de crédito son peligrosas. Cuando están en las manos de un usuario responsable, pueden ser usadas responsablemente. Pero si se les usa irresponsablemente, puede hacer mucho daño.

Si te llega una en el correo, o si están tentado a obtener una, es un buen momento de tener una charla con tus padres acerca de las deudas y sobre dinero que no puedes pagar. Es hora de hablar sobre alternativas como tarjetas de débito (aquellas que se usan para comprar y que están respaldadas por la misma cantidad de dinero en tu cuenta bancaria).

Si has de usar una tarjeta de crédito, úsala sabiamente; no dejes que te use ella a ti.

Haz un presupuesto

"Un presupuesto no es otra cosa que un plan para gastar dinero… No limita los gastos, los define."

—Larry Burkett

Presupuesto

¿**H**as visto a tus padres sentados en la mesa y metiendo números en una calculadora al tiempo que hojean viejas facturas y estados de cuenta bancarios? No están jugando Monopolio. Probablemente están trabajando en su presupuesto. Un presupuesto es un plan para usar el dinero que ganas — el dinero que ingresa — para pagar el dinero que debes — el dinero que egresa. Tus padres balancean sus ingresos y egresos para asegurar que haya jalea para tus sándwiches.

Este es un buen momento para que aprendas a presupuestar tu dinero. Puede que no tengas muchos ingresos en este momento, pero cualquiera que estos sean, enlístalos. En el otro lado de la página, enlista las cosas que necesitas comprar y la cantidad de dinero que le debas a alguien. Resta los egresos de los ingresos. ¿Cómo queda el saldo? Esa es la clave de un buen presupuesto.

Aprende a vivir dentro de tu presupuesto asegurándote que tus egresos no superen tus ingresos.

Cuida tus gastos

"Si tus egresos superan tus ingresos, tu ascenso será tu caída."

—William Aaron Toler, minero de carbón de Virginia del Oeste

Elecciones

Algunas cuentas de cheques parecieran tener puertas giratorias en su interior. El dinero entra pero inmediatamente sale de regreso. El hecho que tengas dinero en el banco — o alguna forma de ahorro — no quiere decir que debas gastarlo. Gastar sin cuidado y constantemente es un hábito peligroso. Cuida tu gasto igual que un águila cuida su emparedado de conejo. Tu éxito financiero depende de ello. Gastar constantemente te dejará sin reservas — y nunca se sabe cuando necesitarás algo extra.

Casi cada día de tu vida, se te pedirá que hagas una elección referente a dinero. Los publicistas esperan que escojas sus productos, pero recuerda, ellos tienen una meta en mente: Quieren que te deshagas de tu dinero. Entre más gastes, mejor les irá.

No es necesario que gastes tu dinero. Puedes elegir guardar algo de él. Puedes elegir ser selectivo con lo que compras — no eligiendo siempre lo más costoso por ejemplo.

Así que, en lugar de tener una cuenta de cheques con puertas giratorias, consíguete una con puerta que de verdad cierre.

Pídele a Dios que cure tus heridas

"No repases tus heridas, cuides tus heridas o maldigas tus heridas. Dáselas a Dios."

—Oral Roberts

Sanación

Quizá hayas tenido el mismo médico familiar desde que naciste. De ser así, él probablemente conozca tu condición clínica mejor que tú mismo.

Pero, sin importar cuanto te has relacionado con tu médico. Dios te conoce mejor. El te creó. Conoce cada célula, cada hueso, cada músculo y cada centímetro de tu piel. Inclusive conoce tus heridas antes de que te comiencen a doler.

Por supuesto que no todas tus heridas son obvias. Algunas están ocultas tan profundamente que ni tus mejores amigos saben de ellas. Pero Dios sí. Él ve las cosas ocultas de tu vida. Él se ocupa de ti más que nadie sobre la tierra.

Y, tal como harías una cita con el doctor para atenderte un dolor físico, puedes acudir a Dios con tus dolores internos. Ira, soledad, amargura, rechazo; Él ya sabe y quiere darte salud.

Pídele. No sólo puede sanarte físicamente, sino que puede sanarte emocional y espiritualmente. Y por si fuera poco, atiende a domicilio.

No te vayas por todos los atajos

"Se arriesga demasiado cuando se toman atajos, espera lo mejor o acepta que alguien más hará un buen trabajo."

—Linda Weber

Lealtad

En una carrera de maratón, si tomas un atajo para adelantarte al pelotón te descalifican de inmediato. Cuando la senda está claramente señalada, ningún atajo es útil.

En la vida existen muchos atajos que puedes tomar. Pero ninguno de ellos es de utilidad para ti — e incluso algunos harán que te descalifiquen. Por ejemplo, si te encomiendan realizar un trabajo, hazlo del modo que tu patrón te lo pide. Incluso si has encontrado una vía más corta para completar la encomienda, es mejor que lo hagas al modo del jefe que a tu modo.

A lo largo de tu vida, te sentirás tentado a seguir la vía corta — evitando un poco de esfuerzo aquí y un poco allá, dando el cincuenta y no el cien por ciento, maquillar un poco las estadísticas, salir del trabajo unos minutos antes. Pero a la larga, tú serás el perdedor. Puede que le ganes a tu supervisor por un tiempo, pero en general las oportunidades están de su lado.

Haz lo que se te pide y un poco más. La lealtad trae recompensas.

Establece hábitos regulares de estudio

"He descubierto que entre más trabajo, parece que tengo mejor suerte."

—Norman Vincent Peale

Estudio

¿**T**u clóset ha estado tan lleno que has tenido que amontonar las cosas para que todo quepa? ¿Qué sucede generalmente al día siguiente cuando abres la puerta? Todo se cae, ¿verdad? O has metido tantas cosas en un cajón que no se puede cerrar.

Imagina que tu cerebro es como un cajón o un clóset. Amontonarle un puñado de hechos la noche previa a un examen puede darte por resultado una calificación aprobatoria de vez en cuando — pero por lo general todo se cae, incluso antes de que llegues al salón.

Si quieres que te vaya bien en tus exámenes, establece una rutina de estudio. Escoge un horario y lugar en los que regularmente abras los libros. Estudiar regularmente es mucho mejor que estudiar frenéticamente. Almacena los datos en tu cerebro poco a poco, es como si almacenaras archivos de información en el disco duro de tu computadora. Si los almacenas apropiadamente, es más sencillo que los encuentres posteriormente.

Si le metes demasiada información al disco duro de tu mente, estás en camino a que se te caiga el sistema.

Lee la Biblia regularmente

"Cómo puede alguien joven mantener la pureza de su camino? Viviendo de acuerdo con tu palabra."

—El Rey David (Salmo 119:9)

Iluminación

Está ahí, en el fondo del cajón de tu escritorio. La conservas por lo que dice y por quien te la envió. Es una carta muy especial.

En ella quien escribió te dice lo mucho que le importas y cómo su relación puede ser mejorada. El consejo es muy bueno, será tan significativo mañana como lo es hoy. Es por ello que lo conservas en un lugar especial.

Dios te escribió una carta —la Biblia. De hecho, ya que la Biblia se divide en diferentes libros, es como un conjunto de cartas. Cada uno es especial y fue escrito teniéndote en mente, así que te dirá más cosas cada vez que la leas.

Léela para que Dios te ilumine. Comprender su mensaje te guiará en todos los ámbitos de tu vida. Es tu "manual del usuario."

Léela para que te inspire. Escucha las palabras de Dios de afirmación e interés por ti mientras lees sus páginas. Está llena de las "cartas de amor" de Dios para ti.

Cuando todo lo demás falle, lee las instrucciones de Dios.

Pon tus metas por escrito

"Nunca dejarás atrás el lugar donde estás hasta que decidas donde quieres estar."

—Melvin Maxwell

Visión

En el fútbol soccer, ver la portería no es tan difícil para los jugadores. ¿Por qué? Porque la portería es claramente visible desde cualquier parte de la cancha. Sería prácticamente imposible anotar para cualquiera si no supiera donde se encuentra su meta.

Es lo mismo en la cancha de la vida. Si tienes metas claramente marcadas, te será más sencillo progresar. Generalmente logras las cosas que "ves" primero en tu mente. De modo que tu progreso es resultado de esa "visión."

¿Cuál es tu visión de la vida? Trata de poner por escrito algunas de tus metas y consérvalas en un lugar en el que puedas revisarlas periódicamente. ¿Dónde quieres estar dentro de cuatro años? ¿Dentro de dos? ¿El año próximo? ¿Y si estableces metas prácticas para tu educación, tu carrera o tus finanzas? Es un gran hábito, y es uno que te ayudará en el futuro.

Las metas no se alcanzan por accidente. Ora por ellas, piensa en ellas, enlístalas y luego ¡ve por ellas!

Comunica lo que sientes a tus padres

"Nunca comprenderás el amor y el interés de tus padres hasta que tengas hijos."

—Linda Toler

Comparte

Es una paradoja interesante. Aquellos que probablemente se interesen más sobre cómo te sientes, son generalmente los últimos en enterarse de tus sentimientos. Tal vez es algo territorial. Los tremendos cambios que ocurren en tu mente y tu cuerpo son tanto confusos como privados. O tal vez, sólo es una suposición. Das por sentado que quienes te rodean deberían saber cómo te sientes sin que tengas que estarlo repitiendo.

Así que te mantienes desconectado. Escondes tus gozos y tus dolores como lo hacen los cachorros con el hueso del perro vecino. Y los entierras sólo cuando quieres y los exhibes sólo frente a tu mejor amigo. Pero los huesos tienen una forma de hacerse desenterrar, como los restos de un dinosaurio. Los sentimientos ocultos pueden aflorar cuando se vuelven dolorosos a nivel personal y para aquellos que te quieren más.

¿Qué te parecería compartir con tus padres lo que sientes? ¿Quién sabe? ¡Puede que hasta ellos se abran y te cuenten cómo se sienten! Antes que te des cuenta, podrías estar comunicándote de verdad.

¡Atrévete a compartir tu corazón!

Sé puntual

"La gente cuenta los errores de aquellos que los hacen esperar."

—Proverbio francés

Diligencia

Dos ganadores tienen ciertas características. El dinamismo es una de ellas. La gente altamente exitosa tiene el hábito de llegar a tiempo a sus citas. Llegar a tiempo demuestra tu interés en el encuentro y demuestra tu interés en la persona con la que te estás reuniendo. La impuntualidad es una forma de egoísmo. Cuando llegas tarde a una cita, estás indicando con tus actos que tu tiempo es más importante que el de la otra persona.

Seguramente hay cosas que evitan que llegues a tiempo a algunas citas. Pero, por encima de todo, ser diligente y recordar llegar a la hora acordada con la otra persona es un hábito que bien vale el esfuerzo. Cuando llegas a tiempo a una cita, demuestras tu respeto por el tiempo de la otra persona.

Tener diligencia revela algo más acerca de tu carácter que dice, "Soy una persona de palabra." Cuando prometes estar en un lugar y a cierta hora, tu esfuerzo por llegar a tiempo es un signo de que cumples tus promesas.

¡A tiempo todo el tiempo! Te funcionará.

Respeta el toque de queda

*"Siempre ten en mente: ser bueno, tener cuidado
y llegar a casa temprano."*

—Annie Groer

Honor

Mark pensaba que ya la había hecho. Silenciosamente empujó el auto los últimos metros hasta el garaje y, siempre calladamente, bajó la puerta. De puntillas entró en la oscuridad de la sala. Fue a sentarse en el sofá para sacarse los zapatos y en lugar de ello se sentó sobre su madre que dormía en el sofá esperando a que él llegara a casa. ¡Ella gritó! ¡Él gritó! Y de repente, toda la familia estaba despierta. El evasor del toque de queda había sido atrapado.

¿Por qué estaba la madre durmiendo en la sala? ¿Para atraparlo infraganti? ¿Para darle un sermón? No, ella estaba ahí porque se preocupaba por él. Tus padres no imponen horas de llegada porque te quieran echar a perder la diversión. A partir del momento en que naciste y hasta el momento en que empacas y te vas a tu propia vivienda, son responsables de tu bienestar.

Cumplir con la hora de llegada es honrar el interés que tus padres tienen en ti. Es una forma adecuada de decir "gracias" por las veces que ellos han corrido una milla extra por ti.

Se una persona íntegra

"Cuando un hombre hace una promesa, crea una isla de certeza en un turbulento océano de incertidumbre... cuando haces una promesa has creado un pequeño santuario de confianza en la jungla de lo impredecible."

—Lewis Smedes

Reputación

No puedes comprar integridad en Internet. La adquieres cuando eres lo mejor posible. La integridad es tener una buena reputación —la opinión que tienen las personas de ti con base en las elecciones personales que has hecho. Cuando esas elecciones son morales, amorosas y basadas en la fe, puede decirse que eres una persona íntegra.

No se gana una reputación instantáneamente, no se "cuece en microondas." Se gana día tras día, mes tras mes, año tras año. La obtienes tras decisión — con las elecciones personales que haces acerca de tus actitudes y tus acciones.

Si quieres ser una persona íntegra, comienza ahora, Mantén tu palabra. Muestra respeto hacia los otros. Vive una vida de altos estándares morales.

Construir una reputación es como construir una casa. Comienzas con un buen diseño (como la Biblia). Juntas consejos de tus colegas constructores (familia y amigos). Estableces un programa de construcción (tus metas personales). Limpias el terreno (eliminas tus malos hábitos) y entonces comienzas a construir.

Di "no" a cualquier cosa que te haga daño o pueda hacerle daño a otros.

Planea tu futuro

"Escríbelo en tu corazón: cada día es el mejor día del año."

—Ralph Waldo Emerson

Preparación

No es demasiado temprano para comenzar a pensar en tu futuro. ¿Has hecho planes para continuar tu educación? ¿Tienes en mente algún colegio o escuela vocacional? ¿Has pensado en el servicio militar? Has oído la expresión "Si no te mueves, te entumes." Ese es un consejo muy bueno. Comienza a moverte, haz planes para los días que sigan a tu educación secundaria.

¿Cuál es tu pasión? ¿Sientes que hay un llamado en tu vida? Elige tus metas educativas y profesionales con base en esa pasión. ¿Cuáles son tus habilidades e intereses? Escoge metas de vida que se complementen con esos intereses —no aquellas que se les opongan.

Pensar en lo que vas a hacer después de la educación media te ayudará a mantenerte enfocado. Por ejemplo, si la universidad está en tu futuro, necesitas concentrarte en tus calificaciones. Si una beca deportiva forma parte de tus planes, necesitas concentrarte en los deportes también. Haz un esfuerzo adicional, no te pierdas las prácticas. Toma los entrenamientos adicionales.

Más que nada, busca la ayuda de Dios. Puedes confiarle tu futuro. ¡Él ya ha estado ahí!

Pon atención a los detalles

"La destreza para escuchar y seguir las instrucciones es una habilidad básica de vida con un ilimitado potencial para el éxito."

—David Case

Concentración

Cuando un popular grupo musical comenzó a planear su gira mundial, enlistaron varios requerimientos especiales en su contrato — requerimientos tales como cuánta gente podría estar sobre el escenario, cuántos técnicos se necesitan para operar las luces, y cosas por el estilo. Para asegurarse que el contrato fuera leído, agregaron un pequeño pero significativo requerimiento: los camerinos deberían contar con una dotación de chocolates M & M — que no fueran de color café.

El primero de los locales para concierto se vía grandioso. El lugar se veía fantástico y los boletos estaban agotados. Pero el tazón en los vestidores con las golosinas especificadas, incluía M & M cafés. Con gran renuencia, la banda subió al escenario. A mita del espectáculo, el escenario se colapsó con el peso. Obviamente el promotor del concierto no había leído los detalles. El resultado fueron costosas reparaciones de equipo, elevadas pérdidas a la aseguradora y que el grupo se rehusara a programar otro concierto con ese promotor.

Lee la letra pequeña. Concéntrate en los detalles. Cuando pones atención en las cosas pequeñas, las grandes se acomodarán solas en su lugar.

Sal con personas con las que pienses que podrías casarte

"No se mezclen con los no creyentes, pues ¿qué tiene que ver la fe con la incredulidad? ¿Qué hay de común entre la luz y la oscuridad?"

—2 Corintios 6:14

Madurez

Salir con alguien no tiene porque parecerse a que te saquen una muela sin anestesia. Debe ser divertido —una de las experiencias más placenteras de tu vida. Si tienes la edad para un noviazgo, salir con alguien te da la oportunidad para llegar a conocer a la otra persona a un nivel más personal.

Mucha gente toma el noviazgo como escoger un artículo en Internet. Buscan algo atractivo, se quedan en la superficie: color del cabello, complexión o sonrisa. Pero, ¿qué hay de aquella persona que te hace sentir deseos de pasar el resto de tus días a su lado?

"¡Vaya!" dices. "¡Eso no es de lo que se trata andar con alguien!" y tienes razón, andar con alguien debe ser eso: andar. Pero escoger las cualidades en las personas con las que salimos es lo mismo que escoger las cualidades personales de nuestros compañeros de vida. ¿Comparten tus valores? ¿Cuáles son sus metas de vida? ¿Cuál es su compromiso con la fe?

Ser selectivo acerca de las personas con las que sales es una señal de madurez. Quién sabe, ese primer amor podría ser tu último amor.

Supera la tentación con la oración

"Dios no hace nada si no es en respuesta a la oración."

—John Wesley

Recursos

Si estuvieras en una batalla contra alguien en un tanque y tu tuvieras sólo una navaja de bolsillo, ¿atacarías? Probablemente no. Te faltarían los recursos para ganar tal encuentro. Pero, ¿si tuvieras un amigo con un jet de combate que te ofreciera, "Llámame si tienes problemas"? Es para no pensarse.

Habrá ocasiones en tu vida cuando la tentación se te venga encima como un tanque. Habrá veces en que estés tentado de ir en contra de tus valores personales, en que quieras rendirte ante tus deseos sin importar las consecuencias.

En ocasiones como esas, una navaja de bolsillo no te será suficiente. Necesitas el poder de un jet. Dios dice, "Llámame si tienes problemas. Te ayudaré a enfrentar al enemigo." ¿Cómo haces la llamada? A través de la oración, hablando con Dios sobre tus preocupaciones.

La próxima vez que un "tanque de tentación" te ataque, detente. ¡Haz la llamada! ¡Pídele a Dios que mande sus jets de combate desde el cielo!

Los recursos del cielo son mejores que una Navaja Suiza en cualquier momento.

Siempre haz lo correcto

"Haz lo correcto aunque se caigan las estrellas."

—John R. Rice

Decisión

Ordenar en tu restaurante favorito puede ser exhaustivo. Se te pide que tomes un cúmulo entero de decisiones. Primero, se te pide que escojas lo que vas a tomar. A continuación eliges el plato principal, luego la guarnición. Luego debes escoger el aderezo para la ensalada. Pero si no fuera suficiente, al terminar de comer, hay que volver a empezar, esta vez, con la charola de los postres.

La vida está llena de decisiones. Desde el momento en que despiertas hasta el momento en que vuelves a apagar la lámpara del buró te la pasas apelando a tu juicio. Las apelaciones correctas son importantes en cada aspecto de tu vida.

Aquí tienes un buen principio. Siempre haz lo correcto. Lo correcto no es siempre lo más fácil. No siempre es lo más conveniente. Y, por regla general, lo correcto no es lo más popular. Pero lo correcto siempre ganará sobre lo alterno.

Siempre que te veas forzado a hacer una elección, haz la elección correcta.

Aprende a ser paciente

"Con tiempo y paciencia, la hoja de mora se vuelve una prenda de seda."

—Proverbio Chino

Paciencia

La paciencia no es algo que heredes como ese antiguo retrato enmarcado a la antigua de tu tatarabuela. La paciencia es algo que adquieres por el trabajo que inviertes en ella. Aprendes a ser paciente y a veces las lecciones pueden ser muy dolorosas. Aquél otro músico obtiene la primera posición en la banda. La maestra califica tu examen en la banqueta. Tu mejor amigo traiciona un secreto. Pescas un resfriado el día de tu graduación.

Las lecciones dolorosas te enseñan a "aguantarte." También te enseñan qué eludir la próxima vez y a capitalizar tus pérdidas.

Aprender a ser paciente significa ser firme. Implica encarar circunstancias problemáticas con la resolución interna de ver a través de ellas. Significa rechazar ser derrotado por acciones o actitudes que van en contra tuya. Una persona paciente ha aprendido a ser tolerante con las personas con las que no está de acuerdo. Quien es paciente piensa en formas para obtener lo mejor del comportamiento descuidado y descortés de los otros y aún así, mostrar un interés auténtico por ellos.

Vale la pena esperar a que llegue la paciencia

Ama a Dios con todo tu corazón

"Jesús contesto: 'Amarás al Señor tu Dios con todo tu corazón, con toda tu alma y con toda tu mente. Este es el primer mandamiento y el más importante'."

—Mateo 22:37-38

Compromiso

¿**N**o es sorprendente cómo los animales aman incondicionalmente a sus amos? ¿Alguna vez has tenido un perro o un gato que te saludara entusiastamente cuando atravesabas la puerta? Tu mascota parecía poner su ser completo en esa bienvenida. Sin importar qué tan mal hubiese ido tu día, la bienvenida valió la pena.

Dios nos pide que lo amemos con ese tipo de entusiasmo, sin restricciones, con el corazón y un amor sin reservas. Él quiere que lo amemos con todo nuestro ser.

Ponte a pensarlo, esa es la clase de amor que Él se merece. La Biblia dice que Dios nos amó tanto que nos dio a su único Hijo. Jesucristo fue el compromiso total de Dios con nosotros cuando entregó a su Hijo en la cruz.

No puedes nada más hacer "como que" amas a Dios y sentir vitalidad espiritual. La única relación con Dios que vale algo es la del tipo ve-por-el-oro: todo o nada, 100 por ciento, un amor con todo tu corazón.

Por qué no hacer un compromiso total de tu vida —todo lo que eres por todo lo que Él es.

Acerca del autor

Stan Toler es decano general de la Iglesia del Nazareno, y trabaja fuera del centro de ministerio global de la iglesia en Lenexa, Kansas.

Fue elegido para la oficina más elevada de la iglesia en la 27a Asamblea General en Orlando, Florida, Estados Unidos, en julio de 2009, después de servir durante 40 años como pastor en Ohio, Florida, Tennessee y Oklahoma.

Stan ha escrito más de 80 libros, incluido el éxito de ventas *God Has Never Failed Me, But He's Sure Scared Me to Death a Few Times; The Buzzards Are Cycling. But God's Not Finished With Me Yet;* and *God's Never Late, He's Seldom Early, He's Always Right on Time, The Secret Blend; Richest Person in the World; Practical Guide to Pastoral Ministry: The Inspirational Speaker's Resource, ReThink Your Life,* su popular serie *Motivador de un minuto, If Only I Could Relate To The People I'm related To* y su libro más reciente, *God Can Do Anything But Fail: So Try Para-Gliding In a Windstorm.*

Para ponerse en contacto con el autor
diríjase a
Stan Toler
E-mail: stan@stantoler.com
Sitio web: www:StanToler.com